国家出版基金项目
NATIONAL PUBLICATION FOUNDATION

记住乡愁

——留给孩子们的中国民俗文化

刘魁立◎主编

第七辑·民间礼俗辑

郑 艳◎编著

生育礼

本辑主编

萧 放

黑龙江少年儿童出版社

序

亲爱的小读者们，身为中国人，你们了解中华民族的民俗文化吗？如果有所了解的话，你们又了解多少呢？

或许，你们认为熟知那些过去的事情是大人们的事，我们小孩儿不容易弄懂，也没必要弄懂那些事情。

其实，传统民俗文化的内涵极为丰富，它既不神秘也不深奥，与每个人的关系十分密切，它随时随地围绕在我们身边，贯穿于整个人生的每一天。

中华民族有很多传统节日，每逢节日都有一些传统民俗文化活动，比如端午节吃粽子，听大人们讲屈原为国为民愤投汨罗江的故事；八月中秋望着圆圆的明月，遐想嫦娥奔月、吴刚伐桂的传说，等等。

我国是一个统一的多民族国家，有 56 个民族，每个民族都有丰富多彩的文化和风俗习惯，这些不同民族的民俗文化共同构筑了中国民俗文化。或许你们听说过藏族长篇史诗《格萨尔王传》

中格萨尔王的英雄气概、蒙古族智慧的化身——巴拉根仓的机智与诙谐、维吾尔族世界闻名的智者——阿凡提的睿智与幽默、壮族歌仙刘三姐的聪慧机敏与歌如泉涌……如果这些你们都有所了解，那就说明你们已经走进了中华民族传统民俗文化的王国。

你们也许看过京剧、木偶戏、皮影戏，看过踩高跷、耍龙灯，欣赏过威风锣鼓，这些都是我们中华民族为世界贡献的艺术珍品。你们或许也欣赏过中国古琴演奏，那是中华文化中的瑰宝。1977年9月5日美国发射的"旅行者1号"探测器上所载的向外太空传达人类声音的金光盘上面，就录制了我国古琴大师管平湖演奏的中国古琴名曲——《流水》。

北京天安门东西两侧设有太庙和社稷坛，那是旧时皇帝举行仪式祭祀祖先和祭祀谷神及土地的地方。另外，在北京城的南北东西四个方位建有天坛、地坛、日坛和月坛，这些地方曾经是皇帝率领百官祭拜天、地、日、月的神圣场所。这些仪式活动说明，我们中国人自古就认为自己是自然的组成部分，因而崇信自然、融入自然，与自然和谐相处。

如今民间仍保存的奉祀关公和妈祖的习俗，则体现了中国人崇尚仁义礼智信、进行自我道德教育的意愿，表达了祈望平安顺达和扶危救困的诉求。

小读者们，你们养过蚕宝宝吗？原产于中国的蚕，真称得上伟大的小生物。蚕宝宝的一生从芝麻粒儿大小的蚕卵算起，中间经历蚁蚕、蚕宝宝、结茧吐丝等过程，到破茧成蛾结束，总共四十余天，却能为我们贡献约一千米长的蚕丝。我国历史悠久的养蚕、丝绸织绣技术自西汉"丝绸之路"诞生那天起就成为东方文明的传播者和象征，为促进人类文明的发展做出了不可磨灭的贡献！

小读者们，你们到过烧造瓷器的窑口，见过工匠师傅们拉坯、上釉、烧窑吗？中国是瓷器的故乡，我们的陶瓷技艺同样为人类文明的发展做出了巨大贡献！中国的英文国名"China"，就是由英文"china"（瓷器）一词转义而来的。

中国的历法、二十四节气、珠算、中医知识体系，都是中华民族传统文化宝库中的珍品。

让我们深感骄傲的中国传统民俗文化博大精深、丰富多彩，课本中的内容是难以囊括的。每向这个领域多迈进一步，你们对历史的认知、对人生的感悟、对生活的热爱与奋斗就会更进一分。

作为中国人，无论你身在何处，那与生俱来的充满民族文化DNA 的血液将伴随你的一生，乡音难改，乡情难忘，乡愁恒久。这是你的根，这是你的魂，这种民族文化的传统体现在你身上，是你身份的标识，也是我们作为中国人彼此认同的依据，它作为一种凝聚的力量，把我们整个中华民族大家庭紧紧地联系在一起。

《记住乡愁——留给孩子们的中国民俗文化》丛书，为小读者们全面介绍了传统民俗文化的丰富内容：包括民间史诗传说故事、传统民间节日、民间信仰、礼仪习俗、民间游戏、中国古代建筑技艺、民间手工艺……

各辑的主编、各册的作者，都是相关领域的专家。他们以适合儿童的文笔，选配大量图片，简约精当地介绍每一个专题，希望小读者们读来兴趣盎然、收获颇丰。

在你们阅读的过程中，也许你们的长辈会向你们说起他们曾经的往事，讲讲他们的"乡愁"。那时，你们也许会觉得生活充满了意趣。希望这套丛书能使你们更加珍爱中国的传统民俗文化，让你们为生为中国人而自豪，长大后为中华民族的伟大复兴做出自己的贡献！

亲爱的小读者们，祝你们健康快乐！

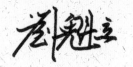

二〇一七年十二月

目 录

神和人的故事

| 神和人的故事 |

很久很久以前，人们还不懂得自然与生命规律的时候，常常以讲故事的方式把他们想到和认为的历史传承下去。除了身外之物，生命的起始、成长与逝去是人们对于自身的关注，于是各种各样与创造生命有关的神和神的故事被一代一代讲述与传承。

伏羲与女娲

伏羲与女娲都是我国神话传说中的上古创世大神。伏羲教民渔猎，女娲炼石补天，还有他们结为夫妻才使得遭遇灭亡的人类重生的故事。

人文始祖

伏羲，风姓，又称宓羲、伏戏，亦称牺皇、皇羲。上古时代，传说有个叫"华胥氏"的女子，到叫作"雷泽"的地方游玩，看到了一个巨大的脚印，好奇地踩了一下，

| 伏羲女娲像
唐　绢画 |

3

|伏羲祭祀|
杜诨 摄

于是就有了身孕。华胥氏怀孕十二年后，生下一个儿子，这个孩子便是伏羲。民间认为，伏羲生日为农历三月十八，所以中原部分地区有在这一天祭祀伏羲的习俗。

|伏羲像 《历代帝王像》 清 姚文翰 作|

在古人的想象中，伏羲长着蟒蛇的身体，鳄鱼的头，雄鹿的角，猛虎的眼，鲤鱼的鳞，蜥蜴的腿，苍鹰的爪，白鲨的尾巴，鲸的须，这便是龙的形象。在我们的记忆里，中华儿女皆是龙的传人便由此而来。

作为人文始祖，伏羲模仿自然界中的蜘蛛结网而制成网，用于捕鱼打猎；创造了文字，取代了在绳子上打结的记事方法；发明陶埙、琴瑟等乐器，将音乐带入人们的生活；制定了人类的嫁娶制度，以鹿皮为聘礼，并以所养动物为姓，或以植物、居所、官职为姓，以防止乱婚和近亲结婚，使中华姓氏自此起源，绵延至今。

创世女神

女娲，也是风姓，称号亦有娲皇、女皇、女帝、神女、帝女，是人类的女性始祖。

女娲人首蛇身，也是中华民族的人文先祖：她仿照自己的模样抟黄土造人，创造了人类社会；炼五色石来补苍天，斩鳌足以立四极，人类得以安居；制造笙簧、

女娲像 《山海经》 明 蒋应镐

瑟、埙等乐器；安排男婚女嫁，并使人们结合，于是有了婚姻。

女娲还是一个创造万物的自然之神，她开世造物，

澳门女娲庙
郑艳 摄

5

泥泥狗：女娲送子 | 杜谆 摄

因此被称为大地之母，是被民间崇拜的创世神和始母神。中国许多地方，都流传着女娲正月初一造鸡，初二造狗，初三造猪，初四造羊，初五造牛，初六造马，初七才造人的传说。

伏羲与女娲

作为人类的始祖神，伏羲与女娲有着各自惊人的能力与传奇，帮助人类完成了很多创造性的工作，在后世的传说中也慢慢出现了两人共同的故事。

民间有传说认为伏羲与女娲本是兄妹，两人居住在昆仑山。由于一场洪水，世界就剩伏羲与女娲两个人，为了人类生命的延续，两人商议结为夫妻，又觉得羞耻，于是把命运托付给上天，使用占卜的方式来决定是否成婚。他们各自点起篝火，说："上天如果不让人类绝迹，同意让我兄妹二人结为夫妻，就让两堆火的烟合为一

伏羲女娲神像 | 郑艳 摄

股；如果不同意我们结为夫妻，就让两堆火的烟分开。"两股浓烟最后合拢，两人为了繁衍人类从而结为夫妻。民间流传的说法中，伏羲与女娲也有着不同的"指称"，比如在湘西苗人的心目中，傩公傩母是伏羲女娲一样的存在。

伏羲与女娲的传说虽然早已成为历史，但是通过民间故事和出土文物在各民族之间找到了连接彼此情感和关系的远古纽带，印证了中华民族的共源同祖。古老的伏羲与女娲，把华夏民族紧密地联系在了一起，从伏羲女娲的龙形到历代帝王自称为龙，再到中华儿女以龙的传人为傲。通过这一生动的想象之物，融合了中华民族的感情，体现了追求团结、

和谐的民族精神。经历无数次的交流、迁徙与融合，各民族融入了一个大家庭之中，团结一心、携手前进。伏羲与女娲的传说不仅仅是一段神话故事，更是民族团结精神的象征，是一份发人深思的最珍贵的文化遗产。

傩舞

郑艳 摄

葫芦生人

葫芦是人们日常生活里十分常见的食物和器具，也是传统文化里一个极具象征意义的符号，与生命的诞生有着十分密切的关系。

葫芦之名

葫芦在我国古代有很多称呼，最早叫瓠、匏和壶，后来在流传中逐渐出现"壶卢"这个双音的名称。三国时期，有"长柄壶卢"的说法。约在南北朝的时候，江南还出现一个发音与壶卢相近的名字——"瓠楼"。到了唐朝，"葫芦"这一名称开始流行起来。宋代以后，由于葫芦品种繁衍，名称也变得更多了。在明朝李时珍的《本草纲目》里出现了七种名称：悬瓠、蒲卢、茶酒瓠、药壶卢、约腹壶、长瓠、苦壶卢，主要是把葫芦按其性质、用途、形状大小等不同分类。

吃和用

葫芦，首先是作为食物进入人们生活的。最初，采集、挖掘块根植物是人们生存必需品的主要来源。后来，人们将家畜、葫芦、水

|满目葫芦|
郑艳　摄

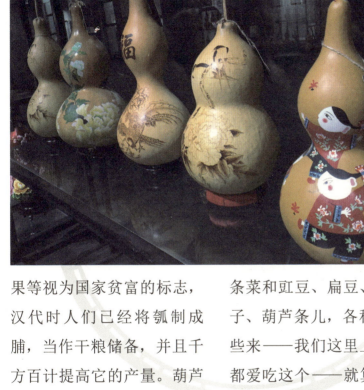

| 葫芦 |

郑艳　摄

果等视为国家贫富的标志，汉代时人们已经将瓠制成脯，当作干粮储备，并且千方百计提高它的产量。葫芦虽算不上什么高级蔬菜，但经过晒制的葫芦干却是独特的风味小食，很受欢迎。我国古典名著《红楼梦》中写平儿对刘姥姥曾说："到年下，你只把你们晒的那个灰条菜和豇豆、扁豆、茄子干子、葫芦条儿，各种干菜带些来——我们这里上上下下都爱吃这个——就算了。别的一概不要，别岡费了心。"

人们也将葫芦制作成各种日常生活中具有使用价值的器物。比如，我国古代以葫芦为水瓢，《庄子·逍遥游》中有："魏王贻我大瓠之种，我树之成而实五石；以盛水浆，不能自举也；剖之以为瓢，则瓠落无所容。"大概意思就是：魏王送我了大葫芦种子，我将它种植起来后，结出的果实有五石，用大葫芦去盛水浆，可是它的坚固程度承受不了水的重量，剖开做瓢也太大了，没有什么地方可以放得下。最后，没

| 葫芦饰品 |
郑艳　摄

有什么用处的大葫芦反而被砸烂了。这个寓言说明同样的东西用在不同的地方，其效果大不一样，告诫人们对待事物要主动探究事理，要用善于发现的眼睛探索事物最大的价值，从而完美地利用它。故事中也反映出葫芦被当作水瓢的重要用途。至今，在一些农村，还用它来舀水、挖面、盛东西，而在水缸旁必配水瓢，也都以"添几瓢水"计算数量。

"葫芦娃"

在我国浩瀚的民俗文化宝库中，有大量的葫芦"创世""赐子""祈福""攘灾除祸"等神话传说，葫芦成为寄托人们美好向往的"灵物"，是人们珍爱的吉祥物。《诗经》中有："绵绵瓜瓞，民之初生"，意思

是说人是由瓜生出来的。在葫芦岛地区广为流传的孟姜女的传说中，主人公孟姜女就是从葫芦里诞生的。葫芦与我国许多民族都有着深刻的历史渊源，葫芦神话在中国各民族中相当普遍，"葫芦里生人""洪水中葫芦救人"的神话在众多民族中广为传播。

彝族《创世纪》中说：在远古洪水泛滥的时代，从葫芦中走出了一对男女，由于他们的结合，人类才得以繁衍。云南拉祜族长篇史诗《牡帕密帕》记载，人类是由葫芦孕育而来的。每年农历十月初十，是拉祜族人民的"葫芦节"，每年这天拉祜族人民穿着美丽的民族服饰载歌载舞，开始一年一度的庆祝活动。拉祜族人还会

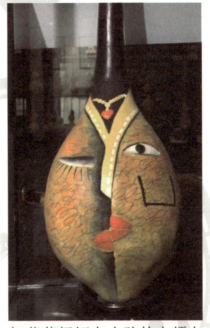

|彩绘葫芦|
郑艳　摄

把葫芦籽钉在小孩的衣领上以保佑孩子茁壮成长。

我国的创世神话很多，分别来自于远古初民对宇宙中万物的初步认识，并由此产生的对人、植物、动物等起源的解释，是万物有灵观念的体现，有些被崇拜的对象还成为氏族的图腾。人是万物之灵，人的起源当然会首先受到关注，我们的祖先

11

们就利用这些神话传说解释人类的起源与繁衍问题。

人猿同祖

英国生物学家达尔文告诉我们：人类是从猿到人进化而来的。但早在达尔文出生前的一千年左右，猕猴变人的故事已经在我国藏族地区流传开来。

从猿到人

经过生物学家的研究和

推断，人类由古猿进化而来。人类的进化过程大约是：腊玛古猿—南方古猿—早期直立人（包括能人）—晚期直立人（包括北京猿人、元谋猿人等）—早期智人（包括马坝人、丁村人等）—晚期智人（包括河套人、山顶洞人等）—现代人。

很久以前，气候和环境的变化使得原来住在森林中的古猿逃出自己原来生活的

半坡遗址
郑艳 摄

地区，为了生存，它们开始用四肢攀缘并逐渐进化为能够两足直立行走、杂食、狩猎的动物。那些能够适应这些变化的古猿就生存下来，继续进化发展，不能适应的古猿就灭绝了。而人类在体质上与猿类的主要区别即在于人能够直立行走，双手的解放使得人们开始能够制造和使用工具从事劳动，而群体生活的不断发展使得人类出现了文化。所以，在由猿到人的进化中劳动起了决定性作用。

达尔文在《物种起源》中提出人类起源于猿的理论，在经过激烈的宗教和学术争论之后渐渐被科学界所接受。后来，古生物学家们通过对化石的研究，在达尔文学说的基础上形成了现代

人类起源说。但是，从达尔文开始建立的整个人类进化学说有一个必不可少的前提条件——气候的变迁使森林大片消失，古猿被迫从树上来到地面。如果这个条件不存在，那么整个人类进化体系可能就无法成立。

猕猴变人

科学研究与推断有其条件和过程，但是我国藏族地区的人民早就有关于猕猴变

|化石|

郑艳 摄

人的传说故事：

很久很久以前，观世音菩萨给一只由神变来的猕猴授了戒律，命它从南海到雪域高原修行。正当猕猴认真修行的时候，山中来了一个岩魔女要求与猕猴结为夫妻，她说："我乃前生注定被降为妖魔，和你有缘，今日专门找你结为夫妻。如果我们成不了亲，那日后我必定成为妖魔的老婆，将要杀害千万生灵，并生下无数魔子魔孙。那时的雪域高原，便会成为魔鬼的世界。所以，希望你答应我的要求。"

猕猴左右为难：若与她结成夫妻，就得破戒；若不与她结合，又会造成大的罪恶。最后，猕猴只能到普陀山找观世音菩萨帮忙。观世音认为这是天意，猕猴与岩魔女结合，在雪域繁衍人类是莫大的善事。这样，

雪域高原
郑艳 摄

狝猴便与岩魔女结成夫妻并生下六只小猴。这六只小猴性情、爱好各不相同，狝猴将它们送到果树林中，让其各自生活。

三年后，狝猴前去探望，发现已经有五百只猴子了，树林之中的果子愈来愈少，小猴子们已经饥饿难耐。狝猴见此情景，只得又到普陀山请示观世音菩萨。菩萨在须弥山中取出青稞、小麦、豆子、荞麦、大麦等种子撒到大地上。后来，地上长满了谷物，解决了猴子们的生计困难。后来，猴子身上的尾巴慢慢地变短了，也开始说话，逐渐变成了人。

| 猴子 |
郑艳 摄

送子娘娘们

以伏羲女娲为代表，各族人民的创世大神往往承担着创造人类的重任，而在老百姓的日常家庭生活里，也有很多神仙是人们期盼新生命时顶礼膜拜的对象。这些神仙多以女性的形象出现。

观音娘娘

观音娘娘的原型观世音菩萨来自于印度佛教，其形象在中国的变化过程非常复杂。早年的观世音形象偏向于男子，《悲华经》认为观世音是转轮圣王的长子，《华

15

严经》里也说观世音菩萨"勇猛丈夫观自在，为度众生住此山"。北魏和唐代的时候，观世音像还是男身，有小胡子。到了宋代，观世音的形象逐渐变成了女身，慢慢变成了我们今天熟悉的形象。

一般认为，因为观世音菩萨救苦救难的慈悲形象，有一种类似母爱的感觉。人们觉得女性形象更温柔亲

切，甚至民间给观世音菩萨创造了新的身世，说她是一个中国式家庭的女儿"妙善公主"，奉行孝道。

中国民间对观世音菩萨形象的改变也符合佛理。佛经上说，菩萨原本没有形象，但是为了方便拯救、教化众生，菩萨常要变化成各种形象。中国传统文化中的观世音菩萨三十三身，完全都是中国仕女的模样，有名的如"杨柳观音""水月观音""持莲观音"，还有完全来自于中国原创的"鱼篮观音"。

中国民间香火最盛的或许就是"送子观音"了。传统社会重视香火的承接，一旦生不出儿子，压力会很大。因此人们对于生育尤其是生男孩的愿望极其强烈，送子观音的香火就特别旺盛。老

子观音也算合情理，因为求子不得也是人生的一种苦难。既然观世音菩萨能救苦救难，那么求子的愿望也不应该被排除在外了。《观世音菩萨普门品》里也明确说，礼拜观世音菩萨就可以求男得男，求女得女，所以送子观音是合理存在的。

|鱼篮观音图　清　绢画|

百姓的宗教概念很模糊，多具有功利性的目的，认为既然观世音菩萨能变化种种形象，便创造出了"送子观音"。虽然不出宗教本意，但是送

|民间送子观音|
郑艳 摄

泰山奶奶

泰山奶奶本尊是中国道教的碧霞元君，道经称为"天仙玉女碧霞护世弘济真人""天仙玉女保生真人宏德碧霞元君"。因道场为五岳之尊的泰山，尊称"泰山圣母碧霞元君"，俗称"泰山娘娘""泰山老奶奶""泰山老母"等。

"碧霞元君"一名出现于唐代，此时也出现了其祠庙。宋代，碧霞元君庙在一些地区有零星分布，明代以后祠庙数量急剧增多，行宫遍布大江南北。碧霞元君在明清时期信仰体系中占有重要地位，碧霞元君庙会规模较大，尤其盛行于华北一些地区。

民间称"碧霞元君"为泰山奶奶，这个名称更接地气，泰山奶奶在民众心目中也更为神通广大，能保佑农耕、经商、旅行、婚姻，能治病救人。此外，泰山奶奶能使妇女多子，这符合古代民众多子多福的传统心理。尤其是在泰山奶奶的金身旁边又专设了一个"送子娘娘"作为侍神，这种神功济世的色彩更加浓厚，更能诱使成群结队、长久不孕和缺乏子嗣的妇女前来挂袍、栓娃娃。正是由于泰山奶奶这种送生保育的职能，登山求子的信众中多为女性。来泰山求助神灵的信女们省吃俭用，也要保证给泰山奶奶供一份红袍、金莲绣鞋等。

其实，送子娘娘又称注生娘娘，是中国道教信仰中掌管生子的神，旧时城隍庙、东狱庙都有祭祀。送子娘娘的神像一般怀抱娃娃，求子之人摆上香果供品，拈香跪拜祷告，请求赐子于她。送子娘娘的来历也有诸多传说。

花蕊夫人

花蕊夫人本是五代十国的女诗人，有诗作《花蕊夫人宫词》。

民间流传着一个美丽的传说：

很久以前，后蜀主孟昶的妃子花蕊夫人很喜欢芙蓉花，孟后主就为美丽的花蕊夫人在城里城外种满了芙蓉花。后来，宋朝军队打进后蜀，孟后主投降后，花蕊夫人也被俘虏了。宋朝皇帝赵匡胤见花蕊夫人十分美丽，便收她作了自己的妃子，可花蕊夫人十分讨厌他。每当夜深人静的时候，就拿出孟

后主的画像流泪诉说思念之情。此事被赵匡胤看见追问，花蕊夫人急中生智说"所挂张仙，送子之神，蜀人皆知"，幸未追究。后来赵匡胤还是知道此事，逼迫花蕊夫人交出画像，花蕊夫人至死不从，

送子娘娘
郑艳 摄

赵匡胤一怒之下杀死了她。花蕊夫人倒下了，鲜血染红了院中的芙蓉花。人们敬仰花蕊夫人对爱情的忠贞不渝，尊她为芙蓉花神。送子之神，于是从宫中传到民间，到了晚清年代，把张仙男身像改花蕊女身像，花蕊夫人也又被尊为送子娘娘了。

陈靖姑

陈靖姑又称"陈夫人""临水夫人""顺天圣母"，是闽南、台湾一带最受尊奉的生育之神，主管怀孕、生产。各种典籍都说陈夫人为福建人，名叫陈靖姑，或陈进故，但有关她的家世，却又有不同的说法。据《三教源流搜神大全》载，陈靖姑是唐朝人，祖居福州府罗源县，她的父亲在朝廷官拜户部郎中，母亲葛氏。陈靖姑在唐大历年间正月十五寅时出生，陈靖姑生下来时，"瑞气祥光罩体，异香绕闼，金鼓声若有群仙护送而进者，因讳进姑"。陈靖姑十七岁的时候，带剑斩杀为害一方的毒蛇，除掉了长期危害百姓的妖怪。陈靖姑立了大功，这事传到了朝廷，唐惠宗封她为"顺懿

| 陈靖姑　　《三教源流搜神大全》|

夫人"。

张仙送子

在民间，主管送子的神祇一般都是女性，只是身份、来历不同而已。除了上面说的花蕊夫人和陈靖姑，还有被当做送子娘娘的"三霄娘娘""金花夫人"等。但是"送子娘娘"们中也有一位男性，他就是被花蕊夫人提到过的张仙。

民间认为张仙能送子，也能佑子，所以称他为"张仙爷"。张仙神像一般是一身华丽的打扮，面如敷粉、五绺长髯，左手张弓、右手执弹。人们认为张仙所执"弹"与"诞"字谐音，暗含"诞生"之意，因此人们将张仙爷奉为专管人间送子之事的"诞生之神"。很多老百姓家中把张仙画像挂在

家中的烟道口处，供上香烛，还要放一小瓷碟，里面有四五个湿白面球，每日更换，说是喂天狗的。因烟囱冲天，会有天狗从此钻进屋里，吓唬小孩，传染天花。张仙守住烟囱口，天狗就不敢进屋了，可保佑孩子一年平安。

麒麟送子

张仙作为男性神来送子已经是非常跳跃的思维方式了，民间还有"麒麟送子"的观念。麒麟是中国古代神话中的仁兽，也就是吉祥如意的象征，它能够为人们带来子嗣。

传说，圣人孔子的降生就跟麒麟有着密切的关系。早年间，孔子的父亲与母亲仅有一个男孩，但他患有严重的疾病，不能参与祭祀之事。夫妇俩盼望能再有个儿子。一天夜里，有一只麒麟突然降临孔府，并吐玉书，上面写有"水精之子孙，衰周而素王，徵在贤明"。不久，孔子诞生，而那封玉书就是告诉人们：孔子并非凡人，乃自然造化的子孙，虽不会居帝王之位，却有帝王之德，称为"素王"。"麒麟吐书"随之称为美谈，"麒麟"也就成为能给人们带来聪颖男孩的吉祥之物。民间普遍认为，求拜麒麟可

麒麟送子

以生育得子。

　　无论是远古时期对于生命规律的探索，还是现实生活中对于神秘力量的敬畏，都是人们在自然与社会中生存与发展的重要内容，也是人们对自身认识不断加深的必经之路。

盼望新生命的到来

| 盼望新生命的到来 |

传统社会，在各种生活条件都不发达的情况之下，人丁兴旺是家庭和社会发展的重要条件和思想观念，而且我国历朝历代都重视人口管理，基本采取鼓励生育的政策，使得人口呈螺旋式上升状态。此外，由于以农耕为主，生活来源主要还是靠体力劳动，人们对儿子的期待更多些，多个儿子就是多个男人，多个干体力活的，或者多个读书成才做大官的，自然更够给家里带来更多的物质或是精神上的鼓励。添子添户，多个儿子以后还会有孙子，人丁就会更加兴旺，所以也说多子多福。

| 求子 |

郑艳 摄

求子

在传统思想里，子孙满堂是根深蒂固的家庭观念。因此，从缔结婚姻关系的那一刻起，祈求新生命的降临便成为十分重要的家庭事务，尤其是久婚未孕者更会通过各种途径求得子嗣。

早生贵子

早生贵子，是人们对喜结连理的新婚夫妻的最大祝愿。许多地方的婚姻仪式中都渗透着求子的思维观念。

女方嫁妆中的绣花被、绣花枕头上，一般都有寓意夫妻恩爱的鸳鸯戏水图案和象征连年多子的莲花图案，还要配置一对朱漆马桶，俗称"子孙桶"，桶内装进五个煮熟染红的喜蛋，寓意是"五子登科"。新房要铺床，在床上、被子里撒一些枣、花生、桂圆和瓜子之类的干果，寓意早生贵子。

传统婚礼中，新郎新娘入洞房后，一般还有合卺、撒帐等仪式，其中许多具体的行为都表现出求子的意愿。

| 嫁妆 |
郑艳 摄

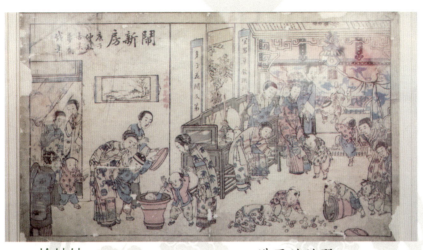

拴娃娃

拴娃娃也是一种求子的方式，旧时的庙会常见这样的习俗。就像前面说到的，道教为迎合这一世俗心理还塑出送子娘娘等神灵，专司生育之职。新婚夫妇或婚后不孕的妇女，以及盼孙心切的婆婆和母亲等纷纷到寺庙中祈祷，求拜后捎走一个小泥娃娃，以示主司生育的娘娘所赐之子：

　　手拿金缕线，

　　走到娃娃殿。

　　进了娃娃殿，

　　先拴娃娃头。

　　娃儿啊娃儿啊跟娘走，

　　不住瓦房都住楼。

　　　　——河南歌谣

| 拴娃娃 |

杜谆 摄

| 天后宫 |
郑艳 摄

在河北邯郸涉县的娲皇宫，求子的女性一般需在娲皇前烧香、磕头、许愿，然后拿出身上带来的用坠有铜钱的红头绳做成的绑儿索儿，套在一个还愿送来的布娃娃的脖子上，口里叫几声已经起好的孩子的名字，将布娃娃装在裤腰里，直到回到家里，把布娃娃塞进被窝。

天津天后宫的道士们准备了大量的泥娃娃，凡来求子的妇女在许愿供奉之后，来到"娃娃山"，相中哪个就用一根红绒绳系在脖颈上带回家。

吃蛋

在人们最初的思维中，对于生殖繁衍并没有清楚的认知，而是通过对动物的观察认为天地万物皆为卵生。上古神话里有简狄吞燕子蛋生契的故事，传说简狄看到的燕子蛋为五色彩卵，觉得好奇而吞。因此，很多

地方的人们在清明节时将各种鸡蛋、鸭蛋、鸟蛋等煮熟并涂上各种颜色，称"五彩蛋"，然后投到河里，顺水冲下，等在下游的人争捞、剥皮而食，食后便可孕育。云南鹤庆一带的白族妇女，每逢春耕前多到河塘祈子，祈子者手握两个煮熟的红鸡蛋，到塘里沐浴，并用红蛋滚擦身体，回家后与丈夫分食。

除了蛋之外，还有枣、桃、菜、瓜可以作为求子的吃食。宋代《梦粱录》中多有记载春季妇人在水盆中争枣祈子的习俗。《清稗类抄》中记有广州地区的人们偷食莴苣以求子嗣的习俗。近代民俗学者胡朴安在《中华全国风俗志》中记载了吃瓜求子的习俗。

| 门钉 |

摸门钉

"丁"与"钉"同音，明清时期便盛行摸钉求子的习俗。传说摸钉宜男，因此很多地方的门钉都被摸得黝黑发亮。

同理，"丁"与"灯"谐音，因此送灯也意味着"送丁"。古时广州，元宵节向庙里请灯，告诉司祝喜欢哪一盏，用红枣写上"某宅敬

| 摸子 |

杜谆 摄

请"字样，故谓"请灯"；元宵节后三天，司祝便派人把人们所敬请的灯挨家挨户送去，谓之"送灯"。

在传统社会，重男轻女也是根深蒂固的生育观念，因此也存在很多专门祈求男婴的办法。天津地区流行吃碰头蛋的习俗：如果妇女不生男孩，可托人找头胎生了男孩的人家，用男孩满三日的洗澡水浸泡鸡蛋，搅动水，然后找出两个头头相碰的鸡蛋中的一个让求子者吃下，即可生男孩。

| 上元灯会 |

孕育

"十月怀胎，一朝分娩"，整个孕产过程是极为重要的人生阶段。在传统社会，人们相信在怀孕生产的女性周围既存在守护生命的

| 宋人婴戏图轴
宋 苏汉臣 作 |

神明，也存在伺机侵害的恶煞，因此必须通过一些手段或是仪式进行趋避，以护胎保产。

怀孕期间，母亲是新生命孕育过程中汲取营养的唯一来源。因此，孕妇的饮食习惯是受到严格控制的，很多食物成了禁忌品，其中包含着人们长期生活经验的总结，也有想当然的附会。

孕妇忌口

忌吃胡椒。胡椒味辛，怀孕之人不能过多食用。

忌吃螃蟹。据说吃蟹爪会导致流产、难产。

忌吃兔肉。据说孕妇不能吃兔肉，否则生出来的孩子会长三瓣嘴，这一说法在我国流行甚广、范围极大，唐宋时期的各类医书中皆有相关记载。

忌吃鲤鱼。禁止孕妇吃鱼，认为会使婴儿皮肤不好。

忌吃鳖。据说孕妇不能吃鳖，否则生出来的孩子没有脖子，这大概是由于老鳖常常缩脖的缘故。

另外，汉族孕妇忌吃狗肉，否则将来孩子爱咬人；忌吃驴肉、马肉，否则生下的孩子夜里会哭；忌吃河蚌肉，孩子才不滋舌头；忌吃猪头肉，孩子不生疮；忌吃鸭肉，否则孩子会得摇头病；忌吃生姜，以防婴儿六指。侗族孕妇忌吃葱蒜、羊肉、牛肉，否则婴儿将来会有狐臭，会成哑巴。朝鲜族孕妇忌吃章鱼，否则会生出没有骨头、又懒又蠢的子孙。

由此可见，孕期妇女的饮食有着极为严格的规矩和极具联想力的阐释，虽然有些部分过于演绎化、夸张化，但是仍然表达了人们优生优育的愿望，表明人类在社会发展过程中对于自然和自身认识与理解的不断深化和丰富。

胎神与产图

我国闽台地区民间社会普遍相信"胎神"的存在，女性一旦怀孕，胎儿的灵魂就有神明依附，形成"胎神"。怀孕期间，"胎神"会一直守护在家中，并且随着孕妇怀孕天数的不同，守护家中不同的房间或不同的器物。因此，孕妇及其家人在其孕期都不能随意搬动家中的任何器物，不能碰钉子、穿针引线，否则会伤害到胎神。

如果万一不小心惊了"胎神"，就变成了"胎煞"，需要采取补救的办法进行安

胎。安胎仪式主要有两种：一是请人到庙中求取安胎符，将符烧成灰后与盐混合，撒在家中动了的地方或器物上；一是请红头师公在孕妇的枕边吹鸣"龙角"（即笛），对孕妇念咒、画符，然后将"押煞符"贴在动了的地方或器物上。

临近生产，人们趋吉避凶的心理表现得尤为突出。古时，为指导产前行事以保母子无虞、分娩顺利，流行贴产图。产图是十二个月中

胎神方位图 《中国民间女性民俗文化》

有关产妇安产、藏胞衣诸事的忌宜方位图，分列八卦、方位、干支、神煞等。除产图之外，产房也可挂吉祥图案、喜庆年画，如"麒麟送子""百子图"等。

催生

孕妇步入孕育的最后阶段，便开始进行生产的准备，这也是整个孕育阶段最为重要的环节。古人将临盆分娩视为生死攸关的大事，认为："内宜用药，外宜用法。盖多门救疗，以取其安也。"对于产妇而言，生产的过程充满未知与凶险，因此人们也会在趋吉避凶的心理驱使下采用一些催生或是顺产的方法，使胎儿顺利降生。

馈赠物品

赠送各类物品是母亲为

安胎符 《中国民间女性民俗文化》

产妇催生最常用的办法，一般送一些有利于滋补的高蛋白肉食以及含有大量矿物质和微量元素的果品。

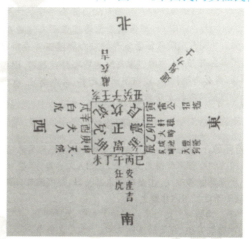

催生的食物以蛋为主，一般送生的，取与"生产"的"生"谐音。现今，江浙一带仍然流行送催生礼的习俗。江苏地区，产妇的母亲送催生蛋到女儿家，要煮熟剥皮后藏在面条中给女儿吃，可以顺产。山东胶东半岛地区也流行送催生蛋，产妇的母亲需送去十二个染红的熟鸡蛋，产妇则要坐在产房的门槛上一口气吃光。浙江南部地区，产妇的母亲要送"快便肉"，一般多为一寸见方的肉块，不偏不倚、方方正正，烧熟焖烂后由母亲亲自端给产妇吃，寓意顺顺利利、规规矩矩地生下宝

宝。湖北一带则流行送猪肚，将完整的猪肚清炖后让女儿吃下，便能顺利地分娩。陕北关中一带送包子，产妇要倒坐在门槛上，包子吃得越多越好，据说可以避免难产。陕西韩城送"角子"，即包有馅儿的馍，一般在临产前半个月送，"角子"谐音"脚止"，意思是不要再四处走动，以免惊动胎气。侗族孕妇临近分娩时，母亲一般会在产前二十一天左右，煮好

| 催生娘娘 《中国民间女性民俗文化》|

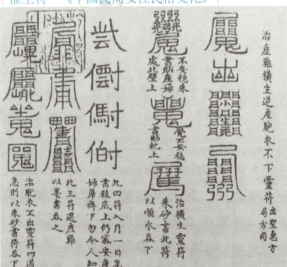

| 催生符 《中国民间女性民俗文化》|

大米饭，包上炒肉和煎蛋，送给女儿吃，一次无效会接着再送，每隔七天送一次。

赠送食物用以催生是比较常见的孕期习俗，但是在不同的地方，食物的种类、数量和制作方式皆有不同的规定及其特有的含义。一般说来，就是通过赠送的方式来寄托娘家人对于产妇顺利分娩的愿望，希望产妇吃下这些食物之后可以滋补身体，并且获得来自于家人精神支持的力量。

催生药与催生巫术

古代医书和其他文献中记载，蛇蜕是利于生产的药物：蛇皮用水浸然后煎，干后收起来，如果有难产者，剪三小片像蛇一样的形状，喝下去，立刻生产。除这种药物之外，民间还认为难产是鬼神作祟，通常要拜祭催生娘娘。

除了催生娘娘，此外还有种种催生巫术。首先是驱赶产鬼。民间相信有产鬼，但这种鬼最怕雨伞，只要把雨伞放在门后就可以辟邪。其次是使用催生符，例如："天催催，地催催，催生女，快落地，麒麟左降生，凤凰右降生，降生凡间如安程，十二生相而前迎来，生落水，生落地，快生落地吾奉十二婆姐救命，火急如律令。"

此外，我国少数民族也有不少特殊的催生习俗：京族女性难产时，请"降生童"催生，画符，然后焚烧成灰，让产妇服下。藏族催生多祈祷神明保佑，并把房内外的罐子、箱子、门等打开，求

催生灵符　酒冲吃

又催生灵符

产妇顺利生产。拉祜族则把扫帚放在产妇的背上，让她俯卧而生。柯尔克孜族女性遇到难产，要在帐篷上方拧一条绳子，地下铺一块毡子，以手拉绳，其他妇女用力压其腹，将孩子生下来。

总而言之，无论是使用符咒，还是拜祭神明，祈求顺利生产的这些方法虽然都带有一定的臆想成分，并且随着现代医学的进步，这些方法基本都不采用了，但终究表达的是在医疗水平并不发达的时期里对于新生命的一种期待与保护，是不可忽视的民间思维方式与观念。

从呱呱坠地到咿呀学语

｜从呱呱坠地到咿呀学语｜

最伟大的创造莫过于创造生命。从怀胎十月到婴儿落地，一个新生命的诞生可谓历经重重难关，其间有无知与无助，有胆怯与迷茫，也有着无需言说的期待与渴望。于是，养儿育女的那些事儿，多少都带有些神圣的仪式感与使命感。

报喜

婴儿呱呱坠地，新的生命终于安然无恙地来到人世间，产妇家便开始四处奔走，与亲戚邻里分享添丁进口的喜悦。报喜一般由女婿担当，报喜的对象主要是产妇娘家，一则婚姻缔结的主要目的是生儿育女，新生命降临之后要立即通知亲家；二则生产过程极具风险，报告顺利生产的消息以免牵肠挂肚。

在各地的报喜习俗中，蛋又成为比较常见的馈赠品，而且经常以煮熟并染红的鸡蛋为主。山东郯城一带，喜蛋的个数一般要带九，并

秋庭戏婴图轴
宋 苏汉臣 作

| 报喜竹 | 郑艳 摄

| 红鸡蛋 | 郑艳 摄

放一个生鸡蛋在最上面，寓意已经顺利分娩。安徽淮北地区用红鸡蛋个数的单双来暗示婴儿性别，一般单数为男孩，双数为女孩。广州旧俗也是生男孩送单数，生女孩则送双数。河南开封一带则有所不同，如果是男孩，要六个或是八个，还要在红蛋的一头点一个墨点，表示"大喜"；如果是女孩，要五个或是七个，表示"小喜"。江浙、湖北等地则是直接"拎鸡报喜"，生儿子拎公鸡，生女儿拎母鸡（也有的地方相反）。报喜之后，这只鸡不仅不能留下，还要配上一只性别不同的鸡一起带回去，表示今后可成双成对，拥有好姻缘。

除了蛋之外，面也是常见的报喜之物。山东海洋一带即送一碗喜面，婴儿出生的第十二天归还空碗时还要添一角六分钱的硬币，预示日后多财。江西一些地方，喜面需用肉做臊子，而且面条碗数必须为双数。除此之外，为了表示庆祝与喜悦，酒也常用来报喜。浙江丽水地区流行"报生壶"，女婿提一把内装黄酒的锡壶，壶嘴上插柏树叶或万年青，寓意"长命百岁"，生男孩在壶嘴上系红头绳，生女孩则不做装饰。四川成都也有以酒报喜的习俗，进门之时，壶嘴向里则为男孩，壶嘴向外则为女孩。台湾地区也有"报酒"的习俗，婴儿出生后三天以"鸡酒""油饭"祭拜祖先，之后便将食物的一部分送往娘家和邻里，一般收到"报酒"的人都要馈

添喜

郑艳 摄

45

|儿童绣花围脖| 郑艳 摄

儿童绣花围脖

|儿童绣品|
郑艳 摄

送一篮白米。彝族则是由女婿带着一瓶酒、一只鸡（男孩带母鸡，女孩带公鸡）报喜，岳父岳母收下鸡后会换一只性别不同的鸡再由女婿带回。

当姻亲和乡邻得知新生命降临的喜讯之后，也会回赠一些礼物，用以庆祝，也称"贺喜"。在长江中下游、黄河中下游、淮河等流域比较流行的贺喜习俗称为"送祝米"或叫"送粥米"，就是娘家听到喜讯后，让孩子的舅舅们给新生儿和产妇送去添丁进口所需要的衣物和食品：包括鸡蛋、小米、面粉、红糖、鸡、肉、点心等，主要是给产妇补身子的，还有孩子的裤褂、鞋帽、包被、褥子、玩具、尿布、围嘴等。

我国山西地区有着更具仪式特征的报喜活动——编草、挂草，又称"澈草""撒草"。传说这种活动起于唐末：闻喜有户人家生了个男孩，因望子成龙心切，就用谷草扎了个像窗户样的东西悬挂在门上，寄希望孩子长大后，能像闻喜的裴家子弟那样，寒窗苦读，金榜题名。裴家即闻喜最为有名的"中华宰相村"——裴柏村。传说撒草起于裴氏，

这一挂草形式迎合了许多人的心意，一时仿效成风，取代了由《礼记》上所流传下来的，男子设弧于门左，

|儿童围兜| 郑艳 摄

|编草| 郑艳 摄

|潵草|
郑艳 摄

女子设帨于门右的传统做法，后传于闻喜至晋南区域。编草、潵草由执事人取连穗带根的谷秆用红绳扎成十或十二束，左右斜向交叉成菱形格，手抓泥团用力向草应固定的地方掷去，使泥草贴墙粘定，草菱形格的正中间置碗、筷、勺，有的会置小红旗与其上，根据婴儿性别写有不同的吉祥话。

洗三

洗三，又称"洗三朝""汤饼会"等，一般在婴儿出生后第三天举行，主要是会集亲友为婴儿举行沐浴仪式，顺祝健康成长。

洗三的风俗由来已久，唐代即有相关记载。玄宗时，章敬吴后生代宗，第三天玄宗亲临观看其孙代宗洗澡。杨贵妃也曾以锦绣裹安禄山，戏称杨贵妃三日洗儿也。

宋代开始，三朝又加入落脐（脐带脱落）、灸囟（囟门针灸）的仪式，表示完全脱离孕期，正式进入婴儿期，因而成为十分隆重的诞生礼。据苏东坡记载，宋时闽地百姓三日洗儿，佳人及客都戴葱、钱，以祷祝此儿聪睿、进财。苏轼添第四子亦曾洗三，并往贺朋友孙子的洗三礼。整个两宋时代，君臣都有很高的文化修养。

贵妃池
郑艳　摄

49

梅尧臣家洗儿时，欧阳修等人往贺，但都不具财礼，而是一人一首"贺洗儿诗"；梅尧臣答谢时也不发洗儿钱一类，同样是以"洗儿诗"相酬。

人皆养子望聪明，我被聪明误一生。

惟愿孩儿愚且鲁，无灾无难到公卿。

——苏轼《洗儿戏作》

清代《道咸以来朝野杂记》记载："三日洗儿，谓之洗三。"据说，这样可以洗去婴儿从"前世"带来的污垢，使之今生平安吉利。同时，也有着为婴儿洁身防病的实际意义。

旧时，"洗三"仪式通常在午饭后举行，由专门以接生、洗三为职业的中老年妇女（人们习惯地称她们为"收生姥姥"或"吉祥姥姥"）主持。首先，在产房外厅设香案，供奉碧霞元君、三霄娘娘、催生娘娘、送子娘娘等十三位神像，产房的炕头上供炕公、炕母。由婆婆上

|洗三衣物 《中国民间女性民俗文化》|

香叩首，收生姥姥亦随之三拜。沐浴一般用温水，也有用具有象征意义的材料熬煮汤水进行的，比如用艾虎汤，取辟恶气之意；用姜葱汤，意取"强壮""聪明"之意。然后，主家将盛有温水的铜盆以及一切礼仪用品摆在炕上。收生姥姥把婴儿抱起，"洗三"拉开序幕。主家依长幼尊卑往盆里添一小勺清水，再放一些钱币，谓之"添盆"。此外，还可以添些桂元、荔枝、红枣、花生、栗子之类的喜果。添盆时，收生姥姥一般都有一套固定的祝词：你添什么，她说什么。添清水，她说"长流水，聪明伶俐"；添些枣儿、桂圆、栗子之类的喜果，她说"早儿立子""连生贵子""桂圆、桂圆，连中三元"。

"添盆"后，收生姥姥便拿起棒槌往盆里一搅，说"一搅两搅连三搅，哥哥领着弟弟跑。七十儿、八十儿、歪毛儿、淘气儿，稀里哗啦都来啦！"这才开始给婴儿洗澡。如果孩子受惊哭了，不但不犯忌讳，反认为吉祥，

五婴浴戏图

谓之"响盆"。一边洗，还要一边念叨祝词："先洗头，做王侯；后洗腰，一辈倒比一辈高；洗洗蛋，做知县；洗洗沟，做知州。"随后，将艾叶球点着，以生姜片作托，放在婴儿脑门上，象征性地炙一炙。洗罢，把孩子包好，用一棵大葱在身上轻轻打三下，说"一打聪明，二打伶俐"；随后叫人把葱扔在房顶上，祝愿小孩将来聪明绝顶。拿起秤砣比划几下，说"秤砣虽小压千斤"，祝愿小孩长大后在家庭、社会有举足轻重的地位；拿起锁头三比划：说"头紧、脚紧、手紧"，祝愿小孩长大

后稳重、谨慎。洗儿仪式完毕后，主家宴请亲朋好友吃"汤饼"，即是汤煮的面食，当然食物并不仅限于面食。

河南地区洗三时，还要加一个滚鸡蛋仪式，即将鸡蛋从婴儿头上滚过，经过手、脚，边滚边唱："滚滚头，一生不用愁；滚滚手，富贵年年有；滚滚脚，将来能登科。"广州旧日请亲朋好友饮三朝茶，吃甜醋煮过的鸡蛋和姜；湘西侗族叫吃"三早晨"，得到邀请的邻居们需携带鸡蛋和一两碗米；土家族除洗三、添盆之外，还有上族谱的仪式。

庭院婴戏图卷

哺育

婴儿出生以后的规矩更是多种多样。首先，婴儿吃奶前，需要请人"开口"，一般采取先苦后甜的方式：先喝黄连苦药，预示短暂的生活困苦，后喝甘草甜汤，预示之后生活甜蜜，然后让婴儿尝一点儿乳汁。有些地方会在乳汁里加入一些陈年香墨，希望孩子长大后才气过人。

随后，开始漫长的哺育期。在这期间，母亲的奶水是婴儿健康成长的主要食物来源，因此民间也有很多催乳的食方。一般来说，产妇分娩后亲戚邻里探望时都会带一些利于哺乳的食物，比如鸡、蹄髈等。闽台地区尤其重视吃鸡，条件允许的话，几乎每天吃一只鸡。如果是客家人，一般要以雄鸡炒姜酒，可以祛风活血。陕西潼关地区，产妇回娘家时，母亲要煮鸡肉，等女儿返回婆家时还要送一个"送奶馍"。四川各地则流行送"汤米

老物件｜
郑艳 摄

江湖郎中的摊位 | 郑艳 摄

夜啼符 《中国民间女性民俗文化》

罐"，即由娘家派一位德高望重的老年妇女用瓦罐盛米汤送到男方家里，寓意奶水充足。

旧时还流行一种"开奶"的习俗，即婴儿出生后先吃别家妇女的奶水。当然，对于产妇无奶或是少奶的情况，民间也有一些食疗的办法。《千金方》记载："（治乳无汁方）取母猪蹄一具，粗切，以水二斗煮熟，得五六升汁饮之，不出更作。"可见，民间治疗无奶的偏方多采用母猪蹄和中草药配制成药膳。

随着婴儿逐渐长大，为了更充足、全面地获取必需的营养物质，适应断乳后的普通日常饮食，民间多在这段时间内杂以各种辅食喂养婴儿，称为"哺谷"。

在福建、广东、台湾等地，首次为婴儿哺谷称为"开斋"，经常和产家举办的庆贺小儿诞生的酒宴一同进行。

浙江南部地区小儿初次哺谷的庆贺仪式叫"叨光"，一般到人多的家庭在做喜事时，乞取少许鱼肉、鸡鸭之类的肉和汤喂食婴儿。

在婴儿的成长过程中，各种小儿疾病也会随之而来。古时并没有十分健全的医疗措施，因此这段时间新生儿的照料常常多少带有些巫术色彩的手段与方法。

民间信仰认为，婴幼儿夜间啼哭是因为被鬼挟持，必须施法捉拿。其中便有禁小儿夜啼符，有的贴在手中、心上、脚下，有的贴在手中、脐上或房门上。

上海、苏州等地也流传相关类似咒语的童谣："天皇皇，地皇皇，我家有个夜啼郎，过路君子念一遍，一觉困到大天光。"

此外，古代医家认为，父母的指甲、头发等对新生儿疾病具有特殊疗效。

新生儿时期是生命的初始阶段，比较娇嫩脆弱，需要精心呵护。古时，受鬼神

止哭符
郑艳 摄

等传统观念的影响和医疗水平的限制，衍生出一系列的仪式行为，目的便是希望娇脆的生命健康成长。

满月

满月，又称"弥月"，男孩30天、女孩29天时，主家办酒席，亲友需送些食品、衣物、首饰等庆贺。

一般来说，满月所送的

|布老虎|
高忠严 摄

礼物也是哺育阶段经常使用的，大多包含两类：一是送给产妇的，比如鸡蛋、米、面、肉类等，主要功用是望其身体健壮，也可以给新生儿提供更好的奶水；二是送给孩子的，比如项圈挂锁、虎枕虎鞋、礼馍花馍等，主要功用是祝愿新生命健康成长。

满月之日，一般还要举行剃头仪式，又叫"落胎发""绞头"等。

剃头礼举行前要查看历书，找准吉时。剃头仪程主要由新生儿外婆家主持，由外婆家赠礼，布置礼堂，请"全福人"（父母、配偶、子女全有的人）抱婴儿坐在礼堂中央，由剃头匠人为婴儿剃去胎发。剃胎发的规矩很多，要先备妥葱、红鸭蛋、红鸡蛋、石头、金锁片、铜钱放在浴缸内，婴儿剃发前须先沐浴，并用红鸡蛋及鸭蛋在婴儿头上轻轻滚动三次，取其"红顶"，希望他平步青云、功成名就；红鸡蛋有再生、繁殖及圆满之意，也希望长个鸡蛋脸；红鸭蛋有希望他长得高壮的寓意。而葱取意"聪明"，石头取意"压胆"，期待小孩头壳快快长硬如同石子般坚硬、健壮；金锁片及铜钱取意财运及好运、大富大贵。黑龙江西部的蒙古族需由宾客依次为婴儿剪发，并诵吉祥语"打开金剪为你首次剪胎发，你的叔伯祝你富贵荣华。打开银剪为你初次剪胎发，你的舅表祝你福禄腾达。打开铁剪为你第一次剪胎发，你的亲友祝你前程如霞。"

　　婴儿的"胎发"又称为"血发"，受之父母，除了要留一些表示对父母的尊敬、孝道外，剃下来的"胎发"也需要谨慎地收藏起来。绍兴一带把剃下的头发搓成一团，装在由外婆家送的金丝或银丝打的络里，挂在床前，保存起来；杭州地区，胎发要悬挂高处，以求孩子有胆量；苏州地区，胎发用红绿丝线穿起，并挂小铜钱，

｜童帽｜

高忠严　摄

辟邪压惊；广东东莞则要由母亲或婆婆用红纸包裹好，珍藏起来，不能轻易丢失；广东富阳地区，胎发与猫毛、狗毛一起用红纸包起，系上红绿线保存起来。

命名

个人特称的"名"，最迟不晚于夏商时期就已在中国出现了。而命名的具体情况，包括日期选择、参酌条件、遵循格式及宣示申报等，众说纷纭。西周开始，人们给下一代命名的形式逐渐形成一整套制度，并作为人生礼仪的最重要环节之一。对于古代中国人来讲，命名的意义远远不止是一个标识。

据《礼记·内则》记载，命名礼仪是一个复杂但有条理的过程，分为：择日、理发、见子、名子、对答、告名、书名。

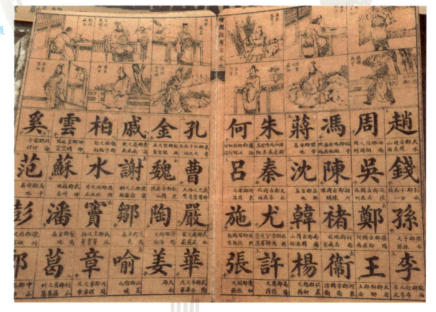

百家姓
郑艳 摄

孩子出生后三个月内，父亲不入产房，经常使人慰问，显示对妻儿的关心。三个月后，命名礼择日举行，家族中有地位的妇女，如祖母、伯母、叔母等，以及父亲已为孩子请好的老师都来参加。

当日，母亲先行沐浴更衣，孩子也剪去胎发，不可全部剃光要留一点，男孩留"角"，女孩留"羁"。礼仪开始时，母亲抱子（女）出房，辈分最尊的妇人先看婴儿，并喊着母亲的姓氏说"某某氏，今天要让孩子拜见父亲了。"当父亲的应答道"一定要好好教养他守礼循善。"然后，父亲走上前去，握过小孩的右手，给其以慈爱的笑。然后，父亲要当场宣布给孩子的命名。说出命名后，母亲立刻应答，谨记夫言，教儿成德。然后，母亲把孩子交给老师。老师抱过婴儿后，即依尊卑长幼的顺序，把小孩刚获得的名字向观礼者宣告。

苗族生育习俗
郑艳 摄

命名礼的最后阶段是告祖、宰。告祖使新生儿之名获得家族内部的认可；告宰则为存档，其式为"某年某月某日某生"。从此，如不发生更名情况，命名礼上所给予的这一名称将伴随担当者终生乃至永远。

西周开始的命名制度，大致奠定了汉民族千年间命名礼的基本模式。当然，在漫长的历史岁月中，命名礼也有变化，一些具体细节会发生变化，比如命名的时间便有"三朝命名""满月命名""百日命名""周岁命名"乃至"发蒙命名"等。此外，它还远远不能囊括中华各民族多姿多彩的命名习俗。

回族在婴儿诞生当天或三天之内，必须请一位阿訇给婴儿举行命名礼，即起经名，表示婴儿出生后即与伊斯兰教信仰联系在一起。命名礼首先由家庭主人把孩子抱到门槛里，阿訇站在门口或门槛外，先对着小孩的右耳低念"邦克"，即在清真

家和万事兴
郑艳 摄

60

寺宣礼塔上召唤教民上寺礼拜的宣礼词；再对着小孩的左耳念"尕麦体"，即教民汇聚到清真寺后准备礼拜的招呼词。然后如果是男孩便在左耳里慢慢吹一口气或轻轻咬一下，如果是女孩则在右耳朵里吹一口气。念宣礼词、吹气的意思是把一个刚出生的婴儿，由清真寺之外呼唤到清真寺之内，一生下来就要成为一个穆斯林。当阿訇举行完仪式后，便从先贤中选出一个美名告诉家里人，以示吉庆、俊美。

现实生活中，各地各民族对于命名礼有着不同的诉求，但是命名礼背后所包含的情感和伦理却是相通的。中国人历来看重起名字，如俗语所说："赐子千金，不如教子一艺；教子一艺，不如赐子好名。"我们需要用一个名称来寄托或表达美好的祝愿，也需要通过一定的仪式来维系家庭和社会的关系。

抓周

孩子养育到一岁左右，要举行仪式以示庆祝，古代称"晬盘"，因其重要礼仪是抓周。

旧时，抓周仪式一般都在中午进行。讲究一些的人家都要在炕前设案，上摆：印章、儒释道三教的经书，

|晬盘 《中国民间女性民俗文化》|

笔、墨、纸、砚、算盘、钱币、账册、首饰、花朵、胭脂、吃食、玩具。如是女孩抓周，还要加摆铲子、勺子、剪子、尺子、绣线等。一般人家，限于经济条件，多予简化，

仅用一铜茶盘，内放私塾启蒙课本《三字经》或《千字文》一本，毛笔一支、算盘一个、烧饼油果一套。女孩加摆：铲子、剪子、尺子各一把。由大人将小孩抱来，令其端坐，不予任何诱导，任其挑选，视其先抓何物，后抓何物，以此来预测其志趣、前途和将要从事的职业。

如果小孩先抓了印章，则谓长大以后官运亨通；如果先抓了文具，则谓长大以后好学，能状元及第；如果小孩先抓算盘，则谓长大善于理财。如是女孩，先抓剪、尺之类的或铲子、勺子之类的，则谓长大善于料理家务。反之，小孩先抓了吃食、玩具，也不能当场就斥之为"好吃""贪玩"，也要被说成"孩子长大之后有口福"。总之，

抓周 《中国古代风俗百图》

长辈们对小孩的前途寄予厚望，在一周岁之际，对小孩祝愿一番而已。

从文献记载来看，抓周仪式可上溯至南北朝时期，北齐颜之推《颜氏家训》就明确记载："江南风俗，儿生一期，为制新衣，盥浴装饰，男则用弓矢纸笔，女则刀尺针缕，并加饮食之物，及珍宝服玩，置之儿前，观其发意所取，以验贪廉愚智，名之为试儿。亲表聚集，致宴享焉。"

到了唐宋时期，抓周风俗已从江南传至全国各地，谓之"试晬"或"周晬"。宋代孟元老《东京梦华录》记载："至来岁生日，罗列盘盏于地，盛大果木、饮食、官诰、笔砚、算秤等经卷针线应用之物，观其所先拈者，以为征兆，谓之'试晬'，此小儿之盛礼也。"

元代和明代，习俗更盛，被称之为"期扬"。到了清代才有"抓周""试周"之称。《儿女英雄传》第十九回就详细记载了一则抓周趣事："这年正是你的周岁，我去给你父母道喜。那日你家父母在炕上摆了许多的针线刀尺、脂粉钗环、笔墨书籍、戥子算盘，以至金银钱物之类，又在庙上买了许多耍货，邀我进去，一同看你抓周儿。"《红楼梦》第二回里也介绍了贾宝玉抓周时伸手拿了脂粉钗环，被贾政嫌弃，认其将来不过是酒色之徒。著名学者钱钟书先生就此曾经开玩笑："《红楼梦》贾宝玉抓周抓了胭脂，我一岁抓周抓到书，取名钟书，儿时玩戏不足信。"但是，钱老的一生还是全部给

了书。如此看来，儿时玩戏虽不足信，也有巧合之缘。

寄名

寄名，是为了保证孩子的健康成长，父母将他们送到道观寺庙，请道士或者僧人取一个道名或法名，从此在象征的意义上将孩子托付给道观或者佛门，从而缔结一种宗教和世俗的亲属关系，寻求神秘力量的庇护。

寄名时，出家人要给孩子一些东西，比如道衣、寄名符和寄名锁等。孩子寄名以后，有的要打扮成道士、僧人模样，以示出家，不过并不是永不还俗。因为父母无意让孩子遁入空门、为僧为道，只想借神佛仙道的保佑躲避灾厄。如果他们认为孩子已经度过灾厄期，

能够独立抵御外来侵害，这种关系便可以终止了。终止关系的仪式叫"还俗"，也就是把寄名时交给寺庙的寄名袋取回来，回到世俗生活中来。

在北京顺义，过去的这种礼仪叫"跳板凳"，也就是在孩子长大的时候，选择吉日到庙上进贡，庙主责罚小孩，小孩便乘机跳过板凳，还俗回家。在天津，寄名的孩子十二岁跳墙还俗：跳墙前择一吉日，买一只簸箕、一把毛帚，预备八枚铜钱。跳墙当天，父母带领孩子向神像焚香祷祝，让孩子持簸箕和毛帚，拂拭香案，洒扫地下。然后，孩子站在板凳上，左右手各持四枚铜钱。旁观之人喊声"老和尚"，孩子便将钱向后撒去，跳下

寄名贴

郑艳 摄

板凳,不回头地跑回家中。

在我国,寄名的习俗曾经普遍存在。古典小说《金瓶梅》《红楼梦》都曾写到寄名的习俗。近现代的生活中,也有寄名的例子。鲁迅先生小时候就寄名到了寺院,得法名"长庚"。此外还有一件百家衣,还有一条叫"牛绳"的东西,上面挂些零星的小东西,如历书、镜子、银筛之类,说是可以避邪的。

寄名风俗在全国较普遍,但各地在细节名称上稍有差异。从性质上讲,和寄名相通的还有认干亲,因此被寄名的僧尼道姑也被称为"寄名干亲"。认干亲也是为了孩子好养活。因此在选择干爹、干娘上有讲究,一般讲要选择子女众多的"多福人"。因为觉得儿女多的人有福气,能福佑自己儿女,同样也可以福佑自己的干儿女。不过,也有的专门选择

长命锁

贫寒人家认干爹娘，大概是认为贫寒者鬼神不扰。也有两方家长关系不错，结成干女儿亲家，加深双方感情。

一般认干亲的仪式，也是要选一个吉利的日子进行。简单一点儿的，孩子正式向干爹娘磕三个头，改称呼就算完成。孩子年纪小一些的，认干娘时，干娘需穿一条特别肥大的红裤子，坐在炕头，由旁人抱着孩子由干娘的裤裆里钻出来，象征亲生一次。还要起个乳名，然后送给干儿女衣服、鞋帽、围嘴、兜肚，还有饭碗、筷子、长命锁等。孩子的父母也要替孩子准备送给干爹干娘的礼物。拜亲仪式结束，干娘给干儿女带上长命锁，以后用干爹干娘送给的碗筷吃饭，意是吃干爹干娘的饭，托干爹干娘的福气，健康成长。

从呱呱坠地到咿呀学语，从三朝、满月到周岁，其间种种仪式活动既表达了对于家庭圆满的祝福与庆贺，也倾诉着对于新生命茁壮成长的殷切希望，是合家欢乐、共享天伦的契机。

我们的祖先了解生命诞生的过程艰难又漫长，在科学水平还不是很发达的时候，他们每一步的探索，都带有那个时代的风貌与文化。

他们认为人的生命是由神灵来掌握的，这些神灵可以创造生命，也可以夺走生命，所以他们怀着敬畏之心讲述着神的故事，也怀着期盼的心情希望神能保佑生命的诞生、成长和绵延不断。

他们看到也经历了很多的病痛折磨，尤其是在新生命诞生的初始阶段，所以他们用自己的方式来应对这些疾病，相信只要小心翼翼地避忌一些事情，新生命便会安然诞生、茁壮成长。

他们生活在一个以家庭和宗族为中心的社会群体之中，血缘和亲缘是他们最为重要的社会关系，生命的诞生和延续不仅仅是一对父母的事情，更是一个家庭甚至一个族群无比重要的盛事，所以他们会彼此分享和共同见证生命诞生和成长的过程。

这些故事和情感都是生育礼出现和传承下来的动力，即使是到了人们已经知道一些关于生命的秘密之后，有些人还是选择继续举行这些仪式，也许因为祖先留给他们的规训，也许因为人生需要仪式感，也许还有其他的原因，而对于我们来说，这些都是中华民族的优秀文化遗产，值得记忆与传承。

图书在版编目（CIP）数据

生育礼 / 郑艳编著；萧放本辑主编. -- 哈尔滨：
黑龙江少年儿童出版社，2020.9（2021.8 重印）
（记住乡愁 ：留给孩子们的中国民俗文化 / 刘魁立
主编. 第七辑，民间礼俗辑）
ISBN 978-7-5319-6548-0

Ⅰ. ①生… Ⅱ. ①郑… ②萧… Ⅲ. ①生育－风俗习
惯－中国－青少年读物 Ⅳ. ①K892.21-49

中国版本图书馆CIP数据核字(2020)第160410号

记住乡愁——留给孩子们的中国民俗文化　　　　刘魁立◎主编
第七辑 民间礼俗辑　　　　　　　　　　　　　　萧　放◎本辑主编
生育礼 SHENGYULI　　　　　　　　　　　　　　郑　艳◎编著

出 版 人：商　亮
项目策划：张立新　刘伟波
项目统筹：华　汉
责任编辑：郜　琦　王洪志
整体设计：文思天纵
责任印制：李　妍　王　刚
出版发行：黑龙江少年儿童出版社
　　　　　（黑龙江省哈尔滨市南岗区宜庆小区8号楼 150090）
网　　址：www.lsbook.com.cn
经　　销：全国新华书店
印　　装：北京一鑫印务有限责任公司
开　　本：787 mm×1092 mm　1/16
印　　张：5
字　　数：50千
书　　号：ISBN 978-7-5319-6548-0
版　　次：2020年9月第1版
印　　次：2021年8月第2次印刷
定　　价：35.00元